Le Quiz du Cheval et du poney

LAROUSSE

Direction de la publication :
Isabelle Jeuge-Maynart et Ghislaine Stora
Direction éditoriale : Séverine Charbonnel-Bojman
Édition : Colibri Éditions
Responsable artistique : Laurent Carré
Mise en page : Nicolas Galy pour www.noook.fr
Lecture-correction : Aurélie Cailleaux
Fabrication : Nicolas Schott

21, rue du Montparnasse
75006 Paris

ISBN : 301-0-00-002074-5
Imprimé en RPC
Dépôt légal : octobre 2012
309252 / 11019216 - juillet 2012

Conforme à la loi n° 49-956 du 16 juillet 1949
sur les publications destinées à la jeunesse.

Le Quiz du Cheval et du poney

Textes : Laure Marandet
Illustrations : Hélène Canac

LAROUSSE

Le quiz des chevaux est composé par :

- de **100 cartes**, comportant chacune une question et indiquant la page du livre à laquelle se reporter pour connaître la bonne réponse. Les cartes sont réparties en 7 catégories :

À cheval

Équipement

Morphologie

Mes p'tits soins

Races

Disciplines

Mes photos à collectionner

- du **livre** que vous tenez dans les mains, qui renferme les règles du Quiz et les réponses aux questions, complétées chacune par une mine d'informations passionnantes sur les sujets abordés dans le jeu.

SOMMAIRE

RÈGLE DU JEU

Nombre de joueurs : 2 à 5
Âge : à partir de 8 ans

But du jeu

Se débarrasser de toutes ses cartes et cumuler un maximum de points.

Le jeu

Chaque joueur pioche une carte de chacune des 6 catégories, et place ses 6 cartes devant lui, face contre la table. Le joueur le plus jeune joue le premier.
Il retourne une de ses cartes, au choix. Il annonce s'il s'agit d'une carte SOLO ou DÉFI, puis il lit à haute voix la question qui figure sur la carte.

S'il s'agit d'une carte SOLO, le joueur est le seul à avoir le droit d'y répondre. Après avoir répondu, il indique à quelle page du livre se trouve la bonne réponse. Un autre joueur consulte le livre pour vérifier la réponse donnée.

- Si sa réponse est juste, le joueur conserve la carte dans un tas devant lui, appelé sa « cagnotte ».
- Si sa réponse est fausse, il pose sa carte au milieu de la table, dans un tas commun à tous les joueurs, appelé la « poubelle », et pioche une autre carte de la même catégorie (s'il en reste, sinon d'une autre catégorie), qu'il place devant lui, face contre la table, avec ses autres cartes.

C'est ensuite au joueur situé à sa gauche de retourner une carte et de jouer.

S'il s'agit d'une carte DÉFI, tous les joueurs ont le droit de répondre. Attention ! Il est interdit de répondre tant que la question n'a pas été lue en entier. Si un joueur répond trop vite, il pioche une autre carte de la même catégorie.

Si le joueur qui répond le premier donne la bonne réponse, il remporte la carte DÉFI, qu'il conserve dans sa cagnotte.

Si le joueur qui répond le premier donne une mauvaise réponse, il pose la carte DÉFI dans la poubelle et pioche deux autres cartes, dont au moins une de la même catégorie (s'il en reste, sinon d'une autre catégorie) et la deuxième au choix. Il place ces deux cartes devant lui, face contre la table, avec ses autres cartes.

Dans les deux cas, c'est ensuite au joueur situé à la gauche de celui qui a retourné la carte DÉFI de jouer.

Si plusieurs joueurs répondent en même temps :

- S'il sont plusieurs à donner en même temps la bonne réponse, aucun d'eux ne remporte la carte, qui est placée dans la poubelle. C'est alors au joueur situé à la gauche du joueur qui a retourné la carte DÉFI de jouer.
- Si certains joueurs ont donné des mauvaises réponses, ils piochent chacun une carte

de la même catégorie (s'il en reste, sinon d'une autre catégorie).

- Si c'est le joueur qui s'est débarrassé de toutes ses cartes qui a le plus de points, c'est lui qui a gagné.
- Si ce n'est pas lui, il a la possibilité de répondre à toutes les cartes pas encore retournées (SOLO et DÉFI) du joueur de son choix, pour augmenter son score. Le joueur choisi lui pose alors une par une les questions des cartes qu'il lui reste.

Fin de la partie

Le jeu se termine lorsqu'un des joueurs n'a plus aucune carte devant lui. Chaque joueur compte alors le nombre de points qu'il a accumulés dans sa cagnotte : chaque carte SOLO a une valeur de 1 point, tandis que chaque carte DÉFI a une valeur de 2 points.

Attention ! Le joueur qui s'est débarrassé de ses cartes est le seul à avoir le droit d'y répondre, même si ce sont des cartes DÉFI ! Il ajoute ensuite à sa cagnotte les cartes auxquelles il a répondu juste et jette à la poubelle celles auxquelles il a mal répondu. Enfin, il calcule son nouveau score et le compare à celui des autres joueurs. Cette fois-ci, c'est le joueur qui a le plus grand score qui remporte la partie.

À CHEVAL

À ta droite

Marcher « piste à main gauche » signifie « marcher sur la piste en ayant la main gauche vers le centre du manège ». Alors le pare-botte, qui borde l'extérieur du manège, se trouve sur ta droite. Lorsque tu te trouves à « main gauche », tu as la priorité sur la piste. Si un cavalier arrive face à toi, il doit se décaler pour te laisser passer.

❷ Le trot sauté

Au trot, ton poney se projette vers le haut par saccades. Ça secoue pas mal ! Pour éviter d'avoir mal aux fesses et de taper sur le dos de ton cheval, tu peux faire du trot enlevé. Il te suffit de te lever et de t'asseoir sur ta selle au rythme des foulées. Tu peux aussi faire du trot assis, en accompagnant le mouvement avec ton bassin.

❸ Tes jambes

Les aides naturelles sont les éléments de ton corps qui sont à ta disposition pour donner des indications à ta monture. Les jambes, les mains, la voix et le poids de ton corps (qu'on appelle l'assiette) te permettent d'indiquer à ton poney si tu veux avancer, ralentir ou tourner. Les aides artificielles (cravache, éperons...) sont des outils supplémentaires, au cas où il ne t'écouterait pas.

Le manège

Le manège est l'espace fermé et couvert où les cavaliers peuvent travailler avec leur cheval. Il est généralement entouré de lices de bois ou de pare-bottes. Le sol est recouvert de sable, ce qui permet d'assurer la sécurité des cavaliers et le confort des chevaux. Un manège qui n'a pas de toit est appelé une carrière.

Une demi-volte

Une demi-volte commence par un demi-cercle d'environ 10 m de diamètre et se termine par une ligne oblique pour rejoindre la piste. C'est une figure qui permet de changer de main et de travailler l'incurvation (sur le demi-cercle) puis la rectitude (sur la diagonale). La figure inverse, qui commence par une diagonale puis se termine par un demi-cercle, s'appelle la demi-volte renversée.

❸ Tu desserres tes mains autour des rênes et tu serres les jambes.

Tu peux aussi aider ton poney en poussant légèrement tes fesses vers l'avant de la selle. S'il ne répond pas, tu peux donner un coup de talon, voire un petit coup de cravache derrière ta jambe. Veille bien à garder les rênes ajustées, mais sans pour autant tirer dessus. En aucun cas, tu ne dois agiter tes mains, c'est très désagréable pour lui !

❶ Le doubler dans la hauteur

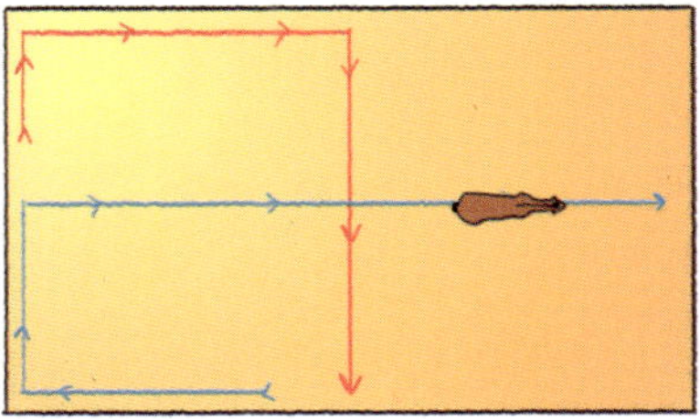

Le doubler est une figure de manège simple qui consiste à couper le manège perpendiculairement, soit par le plus grand côté du manège pour le doubler dans la largeur, soit par le plus petit côté pour le doubler dans la longueur. Cette figure te permet de rejoindre le côté opposé.

un - pull - scie - ont
Impulsion

Cette notion est l''impulsion. On dit souvent que c'est « la volonté du cheval à se porter en avant », mais ce n'est pas toujours facile à comprendre au début. Sache que si ton cheval traîne les sabots, est mou et ne réagit pas bien à ta jambe, cela signifie qu'il manque d'impulsion. L'impulsion naturelle dépend du cheval, mais elle peut être travaillée et développée par le cavalier.

❷ Changer de sens sur la piste

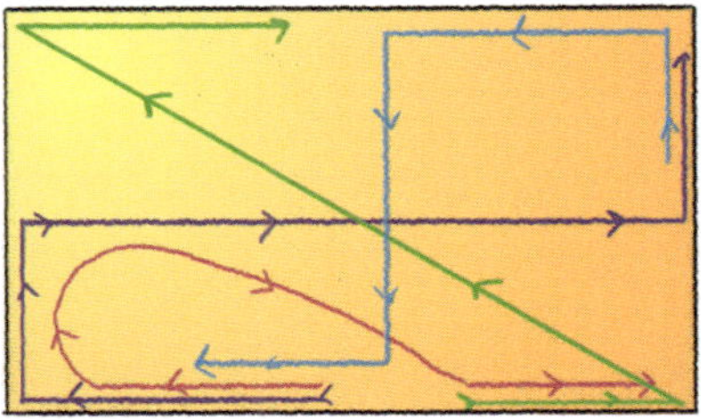

Quand tu changes de main, tu changes de sens de déplacement sur la piste. Pour cela, tu peux faire une diagonale, un doubler ou une demi-volte par exemple. Ainsi, si tu étais à « main droite » (avec la main droite vers le centre du manège), tu passes alors à « main gauche » (avec la main gauche vers le centre du manège).

❸ Cavalière chaussée court – façon obstacle

Régler correctement ses étriers est un des premiers gestes à faire une fois en selle. La longueur des étriers dépend de la longueur de tes jambes, mais aussi de l'activité que tu vas pratiquer. En règle générale, le plancher de l'étrier doit arriver au niveau de tes chevilles quand tes jambes pendent librement. Mais pour l'obstacle, tu dois raccourcir ce réglage de deux à quatre trous pour pouvoir être à l'aise en équilibre.

Carte 11
Galop 2

❸ Tu te penches en arrière et laisses les rênes un peu lâches.

Dans une descente, les chevaux ont tendance à essayer d'accélérer, mais par sécurité tu dois rester au pas. Pour alléger les épaules de ton cheval et lui permettre de négocier la pente avec tout l'équilibre de son encolure, tu te penches un peu en arrière de manière à garder ton corps à la verticale et tu laisses ta monture étendre un peu son encolure vers le bas.

A et C

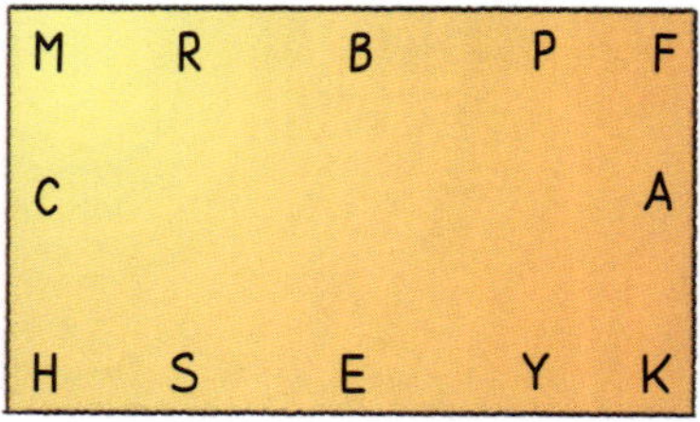

Pour donner des points de repère aux cavaliers qui dessinent des figures, le manège et la carrière comptent 17 lettres-repères, toujours disposées de la même façon. Avec l'habitude, tu finiras par bien les connaître, surtout la lettre X qui marque le milieu du manège. Les lettres A et C sont les milieux des petits côtés.

❷ Partir au galop à gauche

Le galop est une allure dissymétrique. Tu peux donc partir soit au galop à gauche, soit au galop à droite. Tout dépend des indications que tu donnes à ton poney. À main gauche sur la piste, il faut partir à gauche. Pour cela, tu allèges l'épaule gauche en mettant le bout du nez à droite et tu pousses le postérieur droit à s'engager, en appuyant dessus avec ta jambe.

❶ Là où tu vas

Sans que tu le saches, tout ton corps suit généralement la direction de ton regard. Le poids de ton corps, tes jambes et tes mains donnent alors des indications à ton poney sans le vouloir. On dit souvent que le cavalier va là où porte son regard. Il est donc important de ne pas regarder vers le bas (par terre, la tête de ton poney, etc.) ni vers ton moniteur ou tes amies. Regarde plutôt là où tu vas !

ÉQUIPEMENT

❷ C'est une selle qui peut servir aussi bien pour l'obstacle, le dressage ou la balade.

Il existe des selles spécialisées pour l'obstacle, relevées vers l'avant et pratiques pour rester en suspension ; des selles de dressage, faites pour être bien assis sur sa selle avec les étriers longs ; et des selles de randonnée, très confortables et pleines d'attaches pour les bagages. Les selles mixtes sont utiles pour les cavaliers qui n'ont qu'une seule selle, mais qui pratiquent un peu toutes ces disciplines.

❶ Un licol

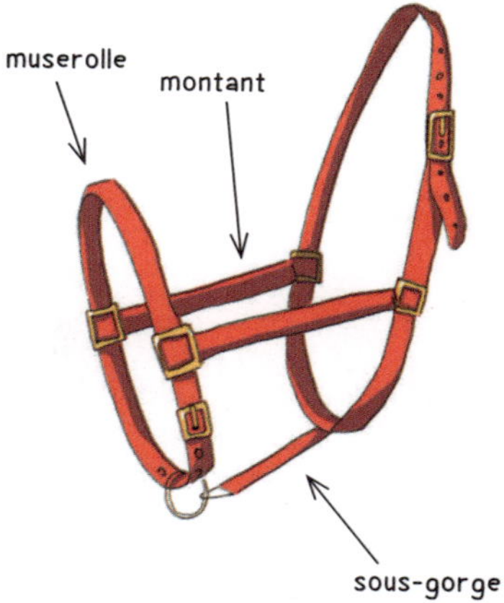

Le licol est l'élément indispensable pour aller chercher son poney au pré ou au box, le ramener et l'attacher. Très simple avec sa muserolle, sa sous-gorge et ses deux montants, il tient la tête du poney sans pourtant le gêner, car il ne possède pas de mors, comme la bride ou de gourmette comme le hackamore.

trou – sec – un
Troussequin

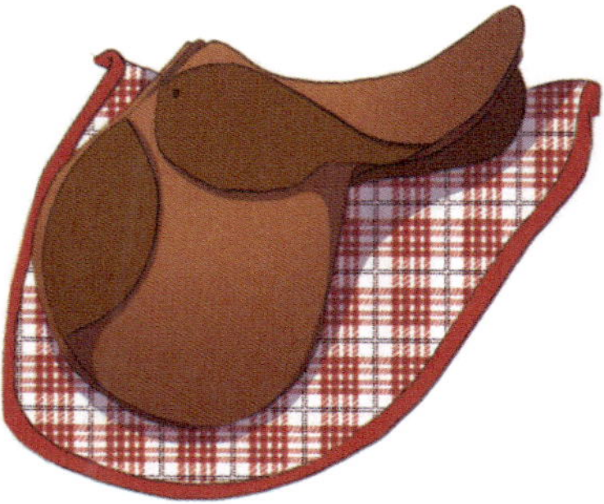

Le troussequin est la partie arrière de la selle, derrière le siège. C'est le bord postérieur de la selle, celui qui remonte plus ou moins derrière tes fesses.

❷ Sur les sabots

Les cloches sont des éléments de protection qui se placent autour du sabot du cheval. Grâce à leur forme de bol renversé (ou de cloche !), elles permettent de protéger la couronne, le talon et le paturon contre les chocs. On les met par exemple pour le transport ou pour l'obstacle.

❸ Monter dans un van

Transporter un cheval dans un camion ou dans un van comporte toujours un risque. Il faut donc le protéger des chocs, des glissades ou même des autres chevaux transportés avec lui. Les protections de transport pour les membres sont les cloches pour les sabots, le protège-queue et parfois le protège-nuque. Il ne faut pas oublier non plus un licol pour l'attacher et une couverture s'il fait froid !

❶ Une bombe

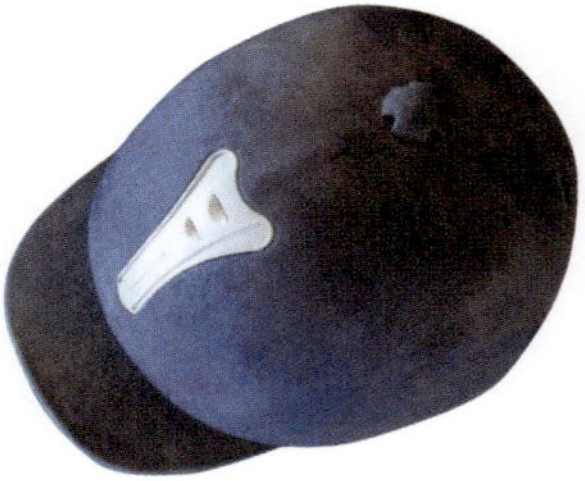

La bombe ou le casque sont obligatoires dans tous les clubs, car c'est un équipement indispensable pour ta sécurité. En cas de chute, tu évites les chocs à la tête qui peuvent être graves. Pour cela, la bombe doit respecter certaines normes de fabrication et être à ta taille. Tu peux aussi porter un gilet de protection pour le dos, mais ce n'est pas obligatoire, sauf lorsque tu sautes certains obstacles.

Le bon ordre est B-A-C.

Avant d'enlever le filet de ton poney, tu commences toujours par l'attacher quelque part pour éviter qu'il se retrouve en liberté ! Le meilleur moyen est d'attacher le licol autour de l'encolure. Ensuite, il faut défaire les boucles de la muserolle et de la sous-gorge. Comme ça, il ne te reste plus qu'à passer la têtière par-dessus les oreilles. Et hop, le filet s'enlève tout seul ! Attention à ne pas laisser traîner les rênes !

❷ Le vrai quartier

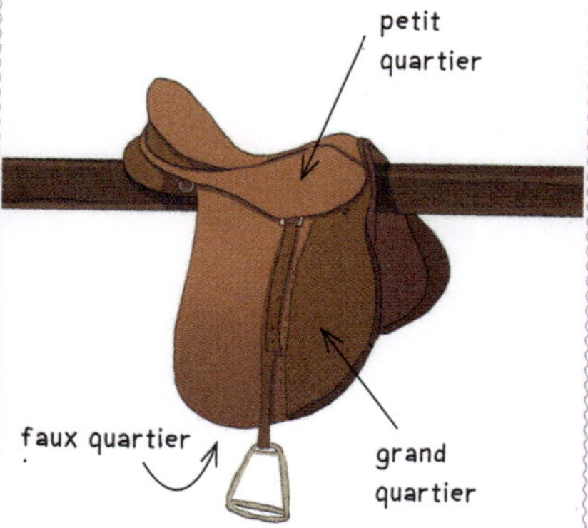

Une selle classique possède en fait trois types de quartiers : le petit quartier, qui protège ta cuisse des couteaux d'étrivière ; le grand quartier, contre lequel s'appuie ta jambe ; et le faux quartier, qui est le grand panneau intérieur qui reste contre le flanc du cheval.

❸ Tu te places à côté de lui et tu glisses un doigt dans la commissure des lèvres.

À ce niveau des lèvres, Caramel n'a pas de dents. On appelle cette zone la barre. Glisser un doigt sur la barre l'incite à ouvrir la bouche. Tu peux alors y glisser le mors puis rapidement passer la têtière par-dessus les oreilles. Si tu fais ça en douceur, sans lui taper les dents ou lui plier les oreilles, Caramel sera encore plus gentil avec toi la prochaine fois !

Une dragonne

Une dragonne est une petite sangle attachée à la cravache que l'on passe autour du poignet. Cela évite de la faire tomber si on la lâche... et de devoir descendre la récupérer ! Les petites cravaches d'obstacles et les longues cravaches de dressage (appelées également « stick ») ne possèdent pas de dragonne.

❸ Des crampons aux fers

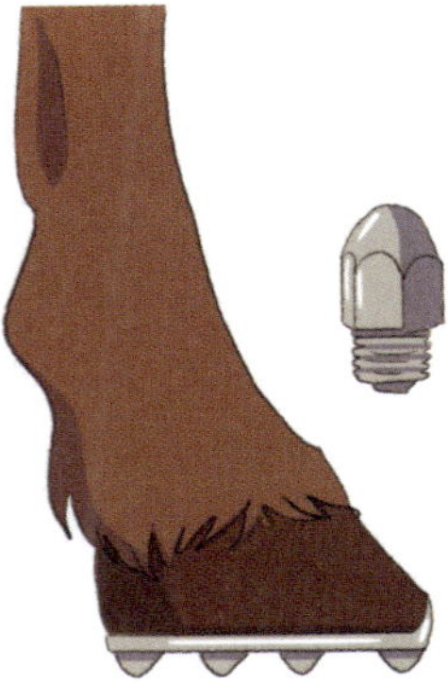

En terrain neigeux, glissant ou boueux, mettre des crampons sur les fers évite au cheval de déraper. On voit souvent des chevaux ainsi équipés à l'obstacle sur gazon, en cross ou en course. Les crampons sont vissés dans des trous spéciaux au bout des fers. Mais il ne faut jamais les laisser sur un sol dur ou au box, le cheval pourrait se blesser !

❶ Un mors à aiguilles très épais

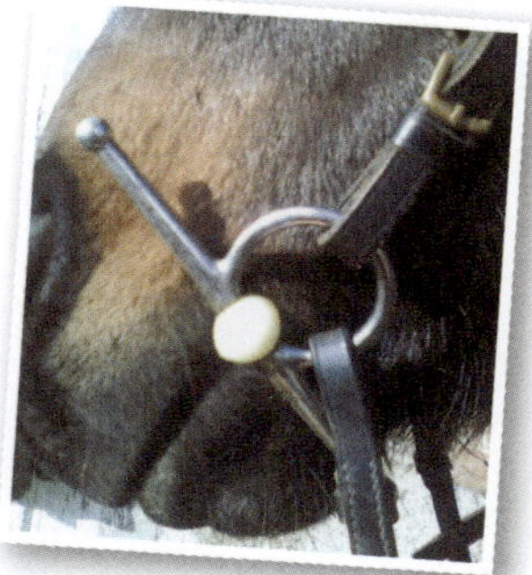

Contrairement à ce qu'on peut croire, un mors épais est plus doux qu'un mors fin. Les aiguilles sur les côtés du mors ne piquent pas le poney, mais l'encadrent et l'aident à comprendre la direction. On utilise souvent des mors à aiguilles assez épais pour les jeunes chevaux. Le pelham, lui, est plus dur. Il est réservé aux bons cavaliers.

Glisse - haie - riz - ne
Glycérine

Tous les cuirs de la sellerie (selle, filet, sangle, éventuellement guêtres ou bottes) se salissent et doivent être régulièrement nettoyés avec du savon glycériné. C'est un savon spécial qu'on applique avec une éponge humide, sans rincer. De temps en temps, tu peux passer une graisse pour cuirs après le nettoyage.

❸ Des bandes de véto

Les bandes de polo, qui ont un aspect de « fourrure polaire », et les bandes de travail, qui sont très élastiques, s'utilisent pendant la reprise pour protéger et soutenir les membres. Les bandes de repos, en matière tricotée, se mettent après un gros effort ou pour le transport en van. Les bandes de véto, elles, n'existent pas !

MORPHOLOGIE

❷ Des allures défectueuses

L'aubin et le traquenard ne sont pas des allures naturelles comme le pas, le trot ou le galop, mais des allures déformées, dues à une mauvaise utilisation par l'homme. Lorsqu'il s'agit de l'aubin, le cheval galope des antérieurs et trotte plutôt des postérieurs, ou c'est l'inverse. Quant au traquenard, le cheval trotte, mais à trois ou quatre temps. C'est très inconfortable.

150 kg

Poney favori des enfants, le shetland dépasse rarement un mètre de haut... pour un poids allant de 100 à 200 kg ! Petit, mais costaud, il peut tracter le double de son poids, soit la moitié du poids d'un selle français !

❶ Le chevreuil

Au galop, le cheval va en moyenne de 20 à 30 km/h, mais les plus grands chevaux de course font des pointes de 60 à 70 km/h. C'est plus rapide qu'une voiture qui roule en ville ! Pourtant, le chevreuil, grâce à son agilité, le bat à la course avec une vitesse de pointe à 80 km/h. Les girafes et les loups, eux, atteignent un maximum de 50 km/h.

❸ Le grasset

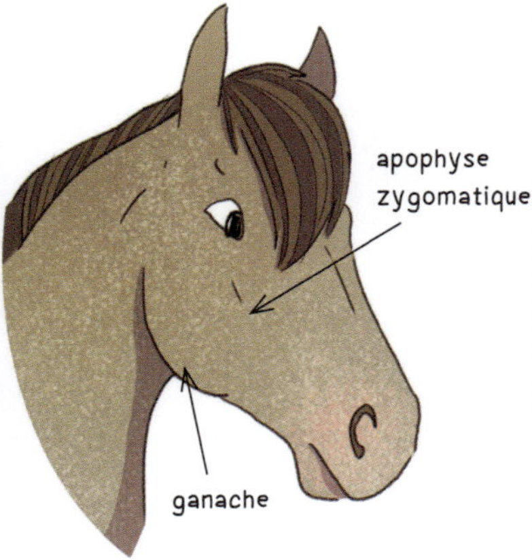

Le grasset est une partie des membres du poney. C'est cette zone d'articulation entre le postérieur et le ventre qui correspond à notre genou ! Par contre, l'apophyse zygomatique et la ganache désignent bien des parties de la tête.

Je suis louvet.

Un cheval louvet est en fait un cheval avec une robe baie ou alezane et un mélange de poils noirs sur tout le pelage. C'est un peu l'inverse des chevaux rouans, qui possèdent des poils blancs qui se mélangent à la couleur *dominante* de la robe.
Le pelage s'appelle « *louvet* » en référence aux loups qui ont aussi des poils noir et brun mélangés.

❶ Le poney isabelle

Le poney isabelle est un poney bai de couleur très claire, mais qui a gardé ses crins noirs ! Le poney café-au-lait est une version très claire de l'alezan, donc il a la crinière et la queue de couleur marron. Enfin, le poney palomino ressemble au café-au-lait, mais avec des « crins lavés », c'est-à-dire presque blancs.

❸ La mini-balzane

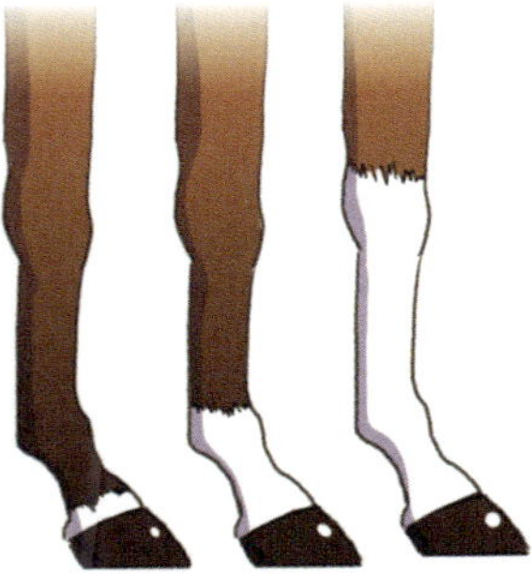

La plus petite des balzanes est la trace de balzane, qui ne fait même pas le tour du pied. La plus grande est la balzane haut-chaussée, qui monte au-dessus du genou. Entre les deux, on trouve le principe de balzane, la petite balzane, la grande balzane et la balzane chaussée. Mais il n'existe pas de mini-balzane !

❸ En regardant l'usure des dents

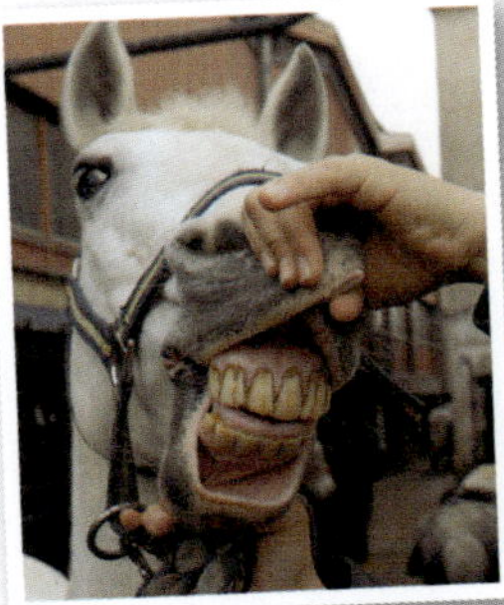

Comme nous, le cheval garde ses dents d'adulte toute sa vie. À force de mastiquer, elles s'usent, laissant peu à peu apparaître des couches d'émail différentes. Avec un peu d'entraînement, on peut donc déterminer plus ou moins l'âge d'un cheval en observant ses dents. Sois prudent si tu t'y essayes, car nos chevaux n'aiment pas forcément qu'on leur ouvre grand la bouche !

raie - deux - mue - lait
Raie de mulet

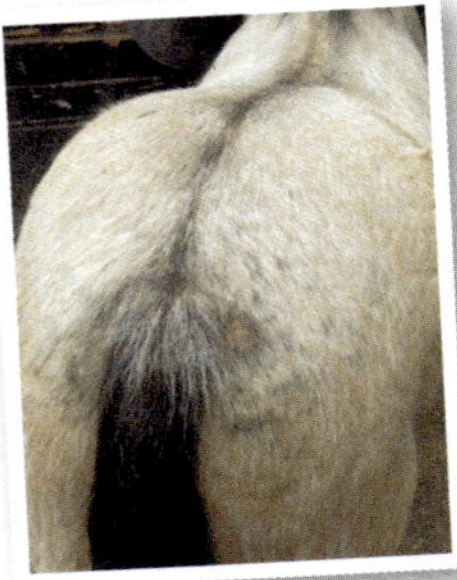

La raie de mulet est une fine ligne noire qui peut orner le dos de certains chevaux ou poneys. Elle va en général du garrot jusqu'à la croupe, en suivant la colonne vertébrale. On la trouve souvent chez les races rustiques, comme les poneys *fjords* ou les sorraïas. Parfois, il y a en plus une ligne transversale qui descend sur les épaules, ou des zébrures aux membres.

❷ La fourchette

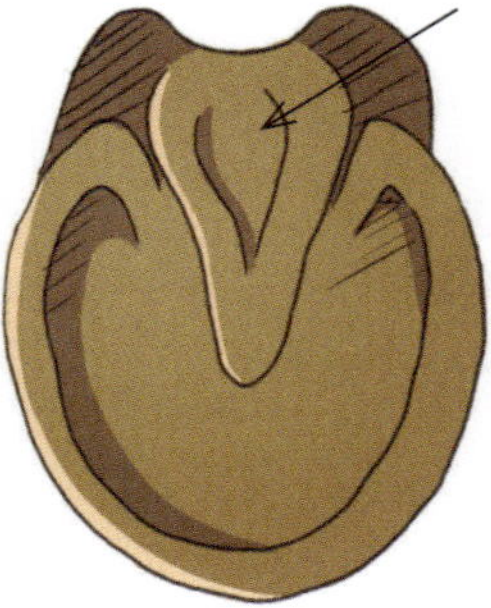

La fourchette est ce triangle de chair que tu vois sous le sabot de tous les chevaux et des poneys. Elle n'est pas recouverte de corne dure. Cette zone est donc sensible. Il faut y faire attention quand tu cures les pieds de ton poney. Tu dois vérifier qu'elle n'est pas blessée ou gênée par un petit caillou. La fourchette a plusieurs rôles importants, comme celui d'aider à la bonne circulation du sang.

❷ Au trot

On dit que le trot est une allure diagonale, sautée et symétrique. Ces mots compliqués veulent dire que le cheval pose l'antérieur droit et le postérieur gauche en même temps, se projette en l'air puis pose l'antérieur gauche et le postérieur droit en même temps, avant de recommencer. Le cheval avance alors à environ 15 km/h et peut généralement garder cette allure assez longtemps sans trop se fatiguer.

Les fanons

Les fanons sont ces touffes de poils à l'arrière du boulet. Ils sont plus ou moins longs et épais, selon la race. Chez les petits poneys, type shetland et les chevaux de trait, ils peuvent être tellement poilus qu'ils recouvrent presque entièrement le sabot. Chez les chevaux de course ou de sport, on coupe souvent les fanons. Pourtant, ils sont utiles! Ils forment une gouttière naturelle qui retient l'eau, et évitent les crevasses sur le paturon.

❸ 62 ans

Alors que la longévité moyenne d'un cheval est de 25 à 30 ans, Old Billy, lui, s'est éteint à l'âge incroyable de 62 ans ! On ne sait que peu de choses sur Old Billy. Il est né en 1760. C'était un cheval de trait qui appartenait à une compagnie maritime anglaise. Avant de partir pour sa très longue retraite, il a d'abord tracté des péniches sur les canaux. Sa tête, empaillée, est exposée au musée de Bedford, en Angleterre.

❷ Une demi-heure après sa naissance, le poulain est déjà capable de marcher.

Au bout de onze mois dans le ventre de la jument, le poulain naît déjà très développé. Après la naissance, il se lève rapidement pour pouvoir téter. Il est capable de galoper au bout de quelques heures seulement. Cette aptitude naturelle lui permet d'échapper à un prédateur qui chercherait à l'attaquer !

MES P'TITS SOINS

❸ 20 à 40 l d'eau

C'est l'équivalent d'une vingtaine de grandes bouteilles d'eau en plastique ! Dans certains cas, quand il fait vraiment très chaud, un cheval peut même avoir besoin de 75 l d'eau pour assouvir sa soif. C'est pourquoi il faut toujours lui laisser beaucoup d'eau à disposition, que ce soit au pré ou dans son box.

❷ Quelques branches ingérées suffisent.

Toute la plante est toxique, surtout les aiguilles.
250 g d'aiguilles d'if peuvent terrasser un cheval de 500 kg. Méfie-toi, car elle est aussi dangereuse pour les humains ! Mais pas de panique ! Cet arbuste est très facile à reconnaître. Il suffit de ne jamais y attacher son cheval et de ne jamais en laisser dans les prés.

❸ Les genoux

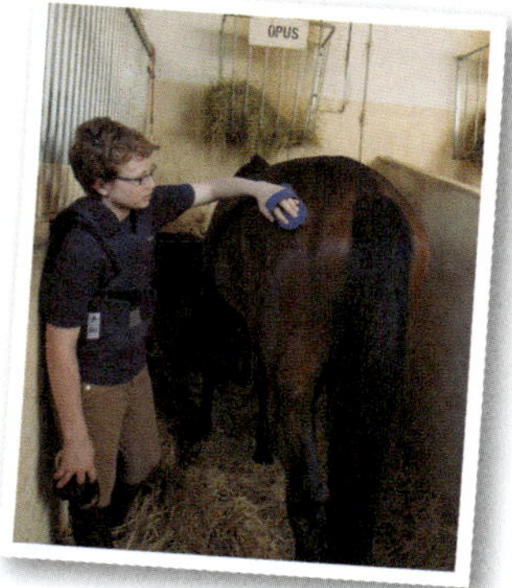

L'étrille est un outil en caoutchouc, en plastique ou en métal, qui sert à décoller la saleté du poil du cheval. Elle se passe en début du pansage. Comme cette brosse est très dure, on ne l'utilise que sur les parties « charnues » de l'animal (croupe, dos, encolure, épaule, poitrail...), et jamais sur les parties sensibles. On évite donc le ventre, la tête et les membres.

❶ Toutes les 6 semaines environ.

Un vieux dicton de cavalier dit : « pas de pied, pas de cheval ». Entretenir régulièrement les sabots de son cheval est essentiel pour sa santé et son bien-être. Une ferrure doit être renouvelée toutes les 4 à 8 semaines, en fonction de la qualité du sabot et du travail effectué. Si le fer tombe tout seul, c'est que tu as attendu trop longtemps !

Le bouchon

On l'appelle aussi « brosse dure » ou « brosse en chiendent ». Le bouchon permet d'enlever la poussière et la saleté de la robe du cheval. On le passe après l'étrille et avant la brosse douce. Il est généralement utilisé en trois temps : à contre-poil puis dans le sens du poil, et enfin frotté contre l'étrille pour le nettoyer.

❸ « N'approche pas, ou j'essaye de te mordre ! »

Dans le langage des chevaux, plaquer ses oreilles en arrière est signe de mauvaise humeur, voire de menace. Tu ne dois pas te laisser faire et céder à un cheval avec un si mauvais caractère ! Cependant, tu dois rester quand même prudent si le poney que tu approches se tourne vers toi en couchant les oreilles !

❸ Un cheval qui tire très fort sur sa longe quand il est attaché

Certains chevaux, par peur ou par mauvaise habitude, « tirent au renard », dès qu'on les attache. C'est très dangereux, car ils peuvent aller jusqu'à casser la longe et le licol, et même se renverser sur le dos !
C'est pourquoi il faut toujours faire un nœud facile à détacher et utiliser une ficelle de foin, qui casse facilement, entre l'anneau et la longe.

❷ La colique

Une colique est un problème au niveau des intestins du cheval. Le cheval est incapable de vomir. Alors s'il mange trop vite, si sa nourriture est trop riche, s'il boit trop d'eau glacée d'un seul coup, ou encore s'il a eu un gros coup de stress, il peut déclencher une colique. C'est un problème grave qu'il faut soigner rapidement !

paon - sa - jeu
Pansage

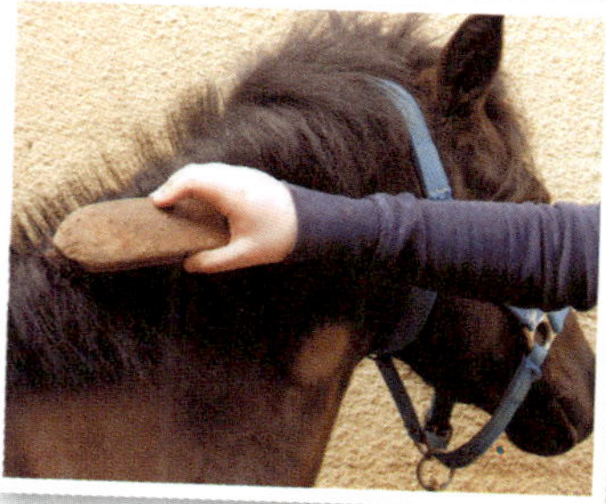

Le pansage est un moment essentiel durant lequel tu nettoies ton cheval du bout du museau jusqu'à l'extrémité des sabots ! C'est aussi un moment où tu prends contact avec lui, où tu vérifies qu'il n'a pas de bobos, et où tu le rends tout beau. On panse toujours son cheval avant et après le travail !

❸ À égoutter le cheval après une douche

Le couteau de chaleur est un outil très utile, qu'il faut avoir dans sa mallette de pansage. Il sert à enlever le surplus d'eau sur le poil du cheval, comme c'est souvent le cas après une douche, une grosse pluie ou si ton cheval a beaucoup transpiré. On le passe uniquement sur les parties dites « charnues » (croupe, flanc, encolure...). Le couteau de chaleur ne sèche pas complètement le poil. Pour cela, rien de tel que de l'emmener brouter au soleil !

❷ C'est une litière qui remonte sur les côtés du box.

Quand on fait le box d'un cheval, on enlève d'abord les crottins, avant de rempailler. Puis on répartit la litière sur toute la surface du box. Souvent, on fait la litière en bateau, c'est-à-dire que la couche de paille est plus épaisse sur les côtés, le long des murs. C'est plus confortable pour le cheval quand il se couche et cela peut limiter les blessures.

❸ Le tic à l'antérieur

Le tic à l'air, appelé aussi tic à l'appui, est le plus courant dans les écuries. Le cheval appuie ses dents contre la porte du box et fait une sorte de rot en avalant de l'air. Quand le cheval se trouvant au box se met à se balancer d'un pied sur l'autre, envoyant sa tête d'un côté à l'autre de la porte, on dit qu'il a le tic à l'ours. Ces mauvaises habitudes répétitives sont très difficiles à faire disparaître et peuvent provoquer des problèmes de santé.

Le maréchal-ferrant

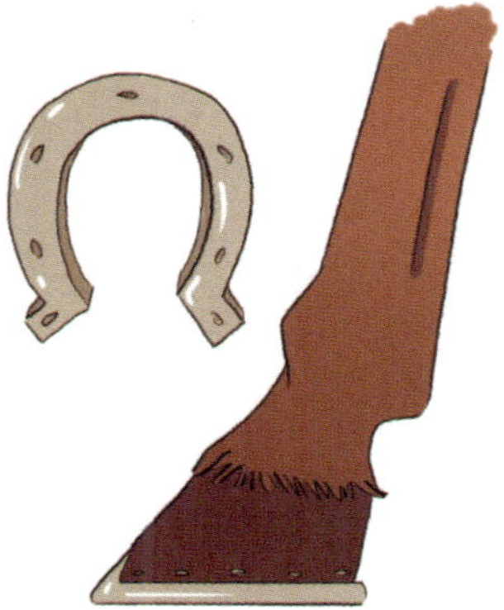

Le maréchal-ferrant est le professionnel qui est chargé de l'entretien des « pieds » du cheval. Il déferre les sabots ferrés, retaille la corne puis remet des fers adaptés.
Il doit passer régulièrement pour éviter que les sabots ne s'abîment ou que la corne ne soit trop longue. Même les sabots non ferrés doivent être entretenus !

❶ La stalle

Dans la stalle, le poney est attaché face au mur et séparé de ses camarades par un muret ou un bat-flanc. Ce n'est pas toujours confortable pour lui ! En stabulation, les poneys sont lâchés à plusieurs dans un petit parc, généralement couvert. Le paddock, lui, est un espace clos où un ou plusieurs poneys peuvent s'ébattre quelques heures par jour, en dehors de leur box.

RACES

❸ Un cheval très puissant utilisé pour tirer des charrettes

Les chevaux de trait ont été sélectionnés par les hommes pour tirer de lourdes charges. Avant l'arrivée du moteur, on les utilisait par exemple pour le travail des champs ou pour tirer des voitures transportant des passagers. Les chevaux de trait sont donc en général très gros et très musclés mais ils ne sont pas très vifs. On les appelle aussi parfois « chevaux lourds ». En France, il existe neuf races de chevaux de trait.

❸ Le percheron, qui vient de Normandie

Les frisons sont de grands chevaux aux crins épais, souvent utilisés pour le spectacle. Les mérens, eux, sont de petits chevaux aux pieds sûrs, pratiques pour faire de la randonnée. Les frisons, comme les mérens, sont toujours noirs. Aucune autre couleur n'est acceptée au sein de la race. Les percherons, eux, sont des chevaux de trait qui peuvent être noirs, mais c'est plutôt rare. Généralement, ils sont gris.

❷ Sa hauteur au garrot

Un « poney » est un équidé dont la pointe du garrot ne dépasse pas 1,49 m (fers inclus). S'il mesure plus de 1,50 m, on dit qu'il s'agit d'un cheval. Dans la famille des poneys existent des catégories. Les poneys sont dits de taille A s'ils font moins de 1,07 m ; B lorsque leur taille est comprise entre 1,07 m et 1,30 m ; C s'ils mesurent entre 1,30 m et 1,40 m ou D s'ils se situent entre 1,40 m et 1,48 m.

❶ La taille d'un renard

À l'époque, les dinosaures viennent juste de disparaître. Les mammifères commencent à prendre leur place sur toute la planète. Le petit eohippus, herbivore qui mesure à peine 20 à 30 cm de haut, peuple les forêts d'Europe, d'Asie et d'Amérique du Nord. C'est le plus vieil ancêtre connu des équidés. Son nom veut dire « cheval de l'aube » en latin.

❸ Les shires

Cheval de trait né en Écosse, le shire (prononcé « chailleur ») est souvent appelé le « gentil géant » des chevaux. Il est reconnaissable à ses longs fanons qui lui couvrent les sabots. Sa taille moyenne tourne autour de 1,80 m, mais plusieurs chevaux de cette race ont dépassé les deux mètres au garrot… Du coup, leur poids tourne généralement autour d'une tonne !

❷ Le pur-sang allemand

Le pur-sang anglais, très souvent appelé simplement « pur-sang », est le roi des hippodromes. C'est la race la plus rapide au monde.
Le pur-sang arabe, lui, est réputé pour son endurance, mais surtout pour sa grande beauté. Avec son nez fin, son port de tête princier et sa queue haute , il est sûrement le cheval qui décore le mieux la chambre des cavalières !

❶ Il possède une allure supplémentaire entre le trot et le galop.

Il s'agit du tölt, qui est une sorte de trot à quatre temps très rapide (aussi rapide que le galop), que les poneys islandais utilisent naturellement. On dit qu'il est possible de garder un verre à la main sans le renverser tant cette allure est confortable ! Ce sont les chevaux marwaris, originaires d'Inde, qui possèdent des oreilles recourbées en forme de demi-lune. Quant aux chevaux de la race crème, beaucoup d'entre eux ont les yeux bleus.

❶ Le morgan

C'est une race de petits chevaux américains, utilisés pour la selle ou pour la traction de petites voitures. Les mustangs, eux, sont les chevaux sauvages qui vivent dans l'Ouest américain depuis le XVe siècle. En Australie, les chevaux domestiques, amenés par les colons et revenus à une vie en troupeau, en totale liberté, sont appelés les brumbies.

En Écosse

Les îles Shetland se trouvent tout au nord de l'Écosse, au Royaume-Uni. Elles baignent dans la mer du Nord.
Là-bas, le temps est souvent froid, venteux et pluvieux.
C'est donc pour se protéger du climat que les poneys shetlands sont petits, gras et poilus !

a – pas – loup – sa
Appaloosa !

Ce petit cheval tacheté est le symbole des indiens d'Amérique. Moucheté comme un léopard, ou couvert d'une tache blanche sur la croupe, chaque cheval est unique et étonnant. Cette race a été sélectionnée pour sa gentillesse et pour ses belles couleurs par la tribu des Nez Percés, qui habitaient près de la rivière Palouse... d'où lui vient son nom !

Un bardot

Beaucoup plus rare que sa cousine la mule, le bardot est aussi moins bien réputé. On dit qu'il est plus petit et moins fort qu'elle. Cependant, tous les deux se ressemblent beaucoup. Leur corps et leur tête sont à mi-chemin entre ceux des ânes et des chevaux. Leurs oreilles sont mi-longues. Comme ce sont des hybrides, résultant de deux races différentes, les mules, les mulets et les bardots sont stériles, c'est-à-dire qu'ils ne peuvent pas avoir de petits.

C'est un cheval camargue.

Le camargue est un petit cheval de selle très rustique, toujours de couleur grise, originaire du delta du Rhône, dans le sud de la France. Élevé de manière traditionnelle, en semi-liberté, c'est la monture habituelle des gardians, qui l'utilisent pour trier le bétail et pour faire des animations folkloriques. Il existe tout un harnachement et une monte particulière du cheval camargue.

❸ Le saut d'obstacles

Cette race française a été sélectionnée depuis une cinquantaine d'années pour le sport équestre. Issu de croisements entre des chevaux puissants et des pur-sang, le selle français est particulièrement efficace aux concours de saut d'obstacles. Plusieurs représentants ont été médaillés aux Jeux Olympiques ou aux championnats du monde. Mais, bien sûr, il est aussi capable de faire du dressage, de l'attelage ou de la balade !

Un cheval barbe

Le barbe est une très vieille race élevée par les Berbères, qui vivaient entre le Maroc et la Libye. Cheval de transport, cheval de guerre, héros des spectacles de fantasia et aujourd'hui cheval de sport ou de loisir, le barbe est à l'origine de plusieurs autres races. On le croise souvent avec des pur-sang arabes pour obtenir des chevaux dits barbes-arabes.

DISCIPLINES

❶ L'attelage

Le concours complet d'équitation comprend trois épreuves : le dressage, le cross et le saut d'obstacles. Prévue pour être « complète », cette discipline vérifie, grâce à ces trois épreuves, que le cheval est bien dressé, qu'il a du courage, de l'endurance et une très bonne condition physique. L'épreuve du cross est particulièrement impressionnante !

❸ La Doma Vaquera

La Doma Vaquera est une discipline espagnole, plutôt pratiquée avec des chevaux andalous ou lusitaniens. Elle est classée dans la catégorie du dressage, puisque les mouvements exécutés avec le cheval sont similaires à ceux des éleveurs de bétail en Andalousie. Cette discipline se pratique seul, contrairement au Pony-games et au Horse-ball qui se jouent toujours en équipe.

❷ Un oxer

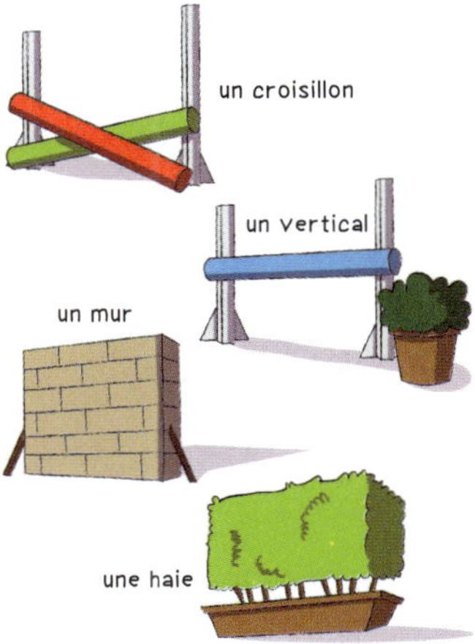

Au concours de saut d'obstacles (CSO), on trouve plusieurs sortes d'obstacles. Le plus simple est le vertical. Lorsqu'il y a deux rangées de verticaux, on appelle cela un oxer. Au-delà, il s'agit d'un spa. Sur le parcours, on peut aussi rencontrer une haie, un mur, un croisillon, etc.

Du Japon !

Le Bajutsu, ou Yoseikan Bajutsu, est un sport traditionnel japonais qui se pratique à cheval ou à poney. Sur sa monture au galop, le concurrent doit atteindre avec ses flèches plusieurs cibles placées sur le côté, à quelques mètres du couloir de passage. Cet exercice demande de la concentration, de la précision et, bien sûr, une bonne maîtrise de son cheval !

❷ Le Galop de hunter

Le hunter est un parcours de saut d'obstacles où le style et la maîtrise du cheval comptent tout autant que le franchissement des barres. Il ne possède pas de galops spécifiques, contrairement aux 14 autres disciplines, parmi lesquelles la monte en amazone, l'équitation Camargue, la voltige ou encore la course de plat.

❶ Technique de randonnée équestre en compétition

En TREC, les concurrents et leurs montures participent individuellement ou en équipe, à quatre épreuves : la présentation du matériel, une course d'orientation à cheval, un parcours semé de difficultés « naturelles » (branches basses, tronc, barrière à ouvrir, etc.) et enfin une « course » au pas le plus rapide possible et au galop le plus lent possible.

❸ 160 km

Les meilleurs chevaux d'endurance du monde font des courses de 160 km en une seule journée ! C'est, par exemple, la distance entre Nice et Marseille. Mais rassure-toi, ce sont en général des pur-sang arabes très bien entraînés. Il y a également des contrôles stricts pour vérifier que le cheval reste en bonne santé pendant toute la course. Bien sûr, toi, tu peux commencer l'endurance avec ton poney sur des petites épreuves de 10 km.

❸ Une épreuve en musique

Dans une compétition de dressage, cette épreuve est la plus appréciée. Les cavaliers et les chevaux enchaînent librement les figures, dans l'ordre qu'ils le souhaitent, le tout sur une musique choisie à l'avance.

❷ Le roi fainéant

Ce grand étalon alezan brûlé avait la particularité d'être très paresseux à l'entraînement, pendant les préparatifs et même lors de la course. Mais le crack se réveillait à quelques centaines de mètres de l'arrivée pour battre ses adversaires. Victorieux de nombreuses courses prestigieuses, il est même resté pendant un an et demi totalement invaincu.

❷ 2,47 m

Le record du monde de saut d'obstacles a été battu le 5 février 1949, lors d'une rencontre hippique internationale au Chili. Le cheval chilien Huaso et son cavalier Alberto Larraguibel, un officier chilien, franchissent un obstacle de 2,47 m de hauteur. Un record jamais battu depuis ! Ce saut incroyable a été filmé ! Tu peux trouver la vidéo en noir et blanc sur internet.

❶ Le Barrel racing

« Barrel racing » signifie « course de barils » en français... Eh oui, c'est une discipline venue des États-Unis ! Inventée par les cow-boys, cette course chronométrée impose au cavalier et à sa monture de dessiner un trèfle autour de trois tonneaux posés en triangle sur la piste, sans jamais les faire tomber. Courses effrénées et virages serrés garantis !

En dressage

En dressage, le cavalier ne porte pas de bombe, mais un chapeau. Il doit également revêtir une veste longue en « queue-de-pie ». Le cheval, lui aussi, est « habillé » spécifiquement pour l'occasion : crinière nattée, selle de dressage et tapis blanc, bride avec ses deux paires de rênes. Et pour mieux voir les mouvements du cheval, aucune protection sur les membres n'est autorisée !

❸ On peut jouer à la « pyramide », au « petit président » ou à la « course à trois jambes »

Ce sont des noms de jeux que l'organisateur peut proposer aux participants. Il y a 32 jeux possibles, mais, selon le niveau, tu ne feras que 4 à 8 jeux, choisis par le jury. Certaines catégories de compétitions sont exclusivement réservées aux plus jeunes, mais il en existe certaines auxquelles les adultes peuvent concourir.

vol-tige
Voltige

En voltige, il n'y a pas de rênes ni de selle ! Alors que ton cheval ou ton poney est sur un cercle en longe, tu enchaînes des figures gymnastiques ou acrobatiques sur son dos : à genoux, figure des ciseaux avec les jambes, debout les bras ouverts, etc. La voltige est une activité qui permet de développer l'accompagnement du mouvement du cheval, sans se préoccuper de le diriger.

Notes

Notes

Notes

Notes